## An Alphabet Adventure Book

### www.thealphaplanet.com

By Kevin and Vicky McLaughlin
Illustrated by Kevin McLaughlin

*Best Wishes Kevin & Vicky McLaughlin*

Second Printing 2018
by Corporate Graphics
North Mankato, MN 56003
USA

ISBN 978-1-5323-2811-4

This book is dedicated with love to our children
Andrew, Kyle and Molly

# Find the Alpha Bug!

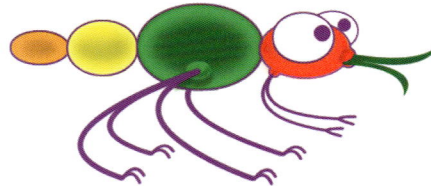

There's one **Alpha Bug** hidden on each of the **A-Z** pages.
Sometimes it's easy to find, and sometimes it's not!

We're going on a journey in our super fast space jet,
to a planet made of letters from the alphabet.

It's called The Alphaplanet, and it's quite a sight to see.
So if you like adventure, it's the place to be.

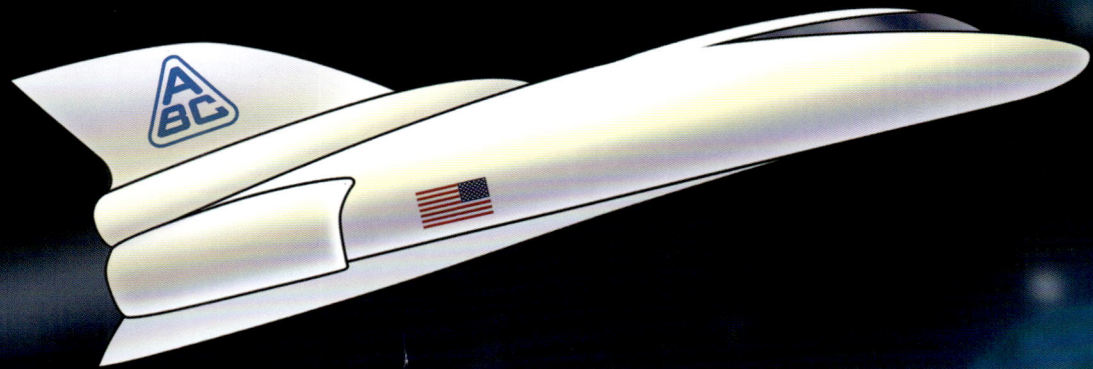

# Aa

First we visit the land of A,
where the Awesome Argyles are grazing all day.

Aa Bb Cc Dd Ee Ff Gg Hh Ii Jj Kk Ll Mm Nn Oo Pp Qq Rr Ss Tt Uu Vv Ww Xx Yy Zz

**Bb**

Next to A is the land of B,
where the Bashful Boingers see us and flee.

Aa <u>Bb</u> Cc Dd Ee Ff Gg Hh Ii Jj Kk Ll Mm Nn Oo Pp Qq Rr Ss Tt Uu Vv Ww Xx Yy Zz

**Cc**

The land of C is really quite scary.
Those Chubby Chompers are so big and so hairy.

Aa Bb <u>Cc</u> Dd Ee Ff Gg Hh Ii Jj Kk Ll Mm Nn Oo Pp Qq Rr Ss Tt Uu Vv Ww Xx Yy Zz

# Dd

D is the land, next time we will skip.
Those darn Dippy Doodlers are drawing on our ship.

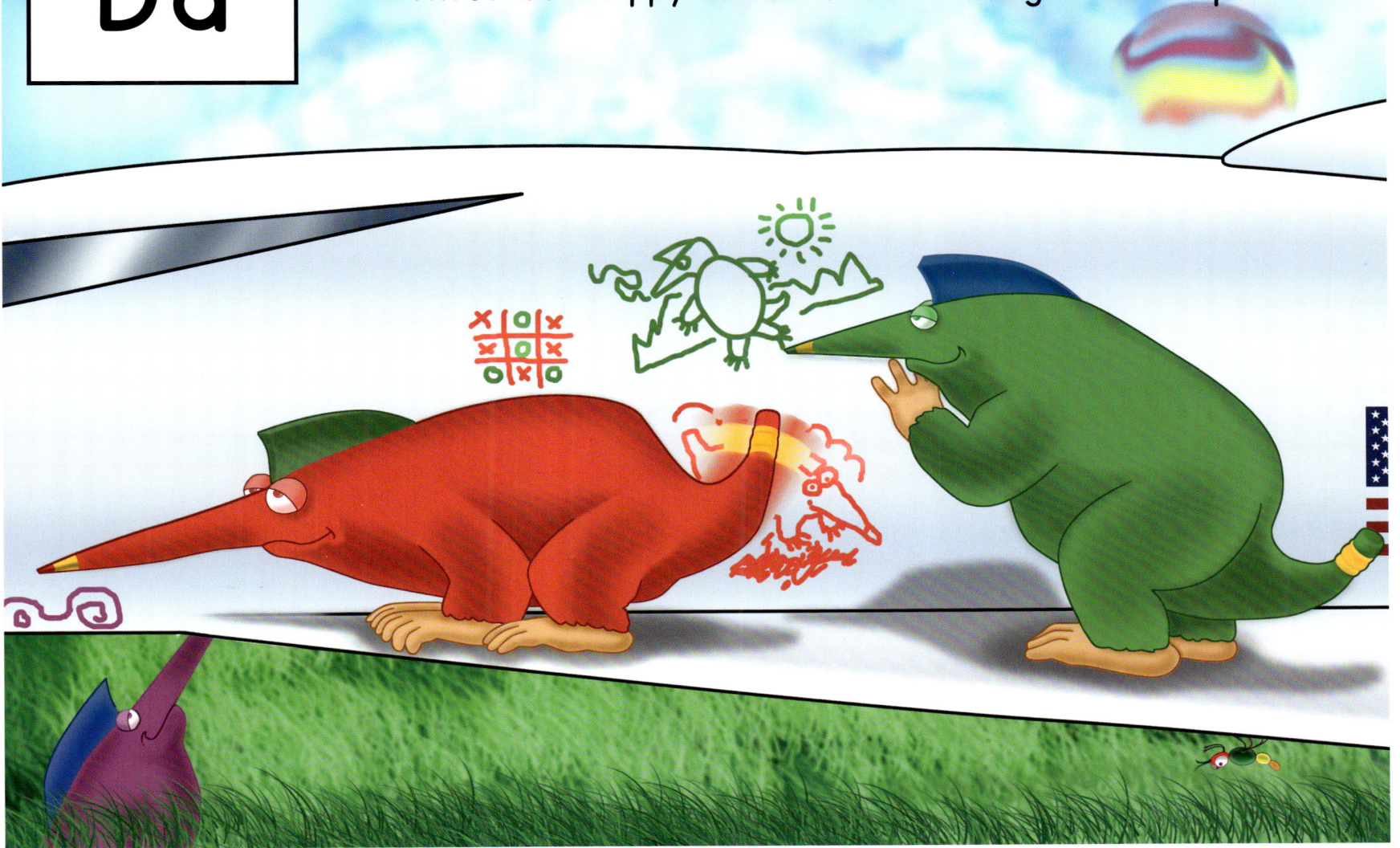

Aa Bb Cc Dd Ee Ff Gg Hh Ii Jj Kk Ll Mm Nn Oo Pp Qq Rr Ss Tt Uu Vv Ww Xx Yy Zz

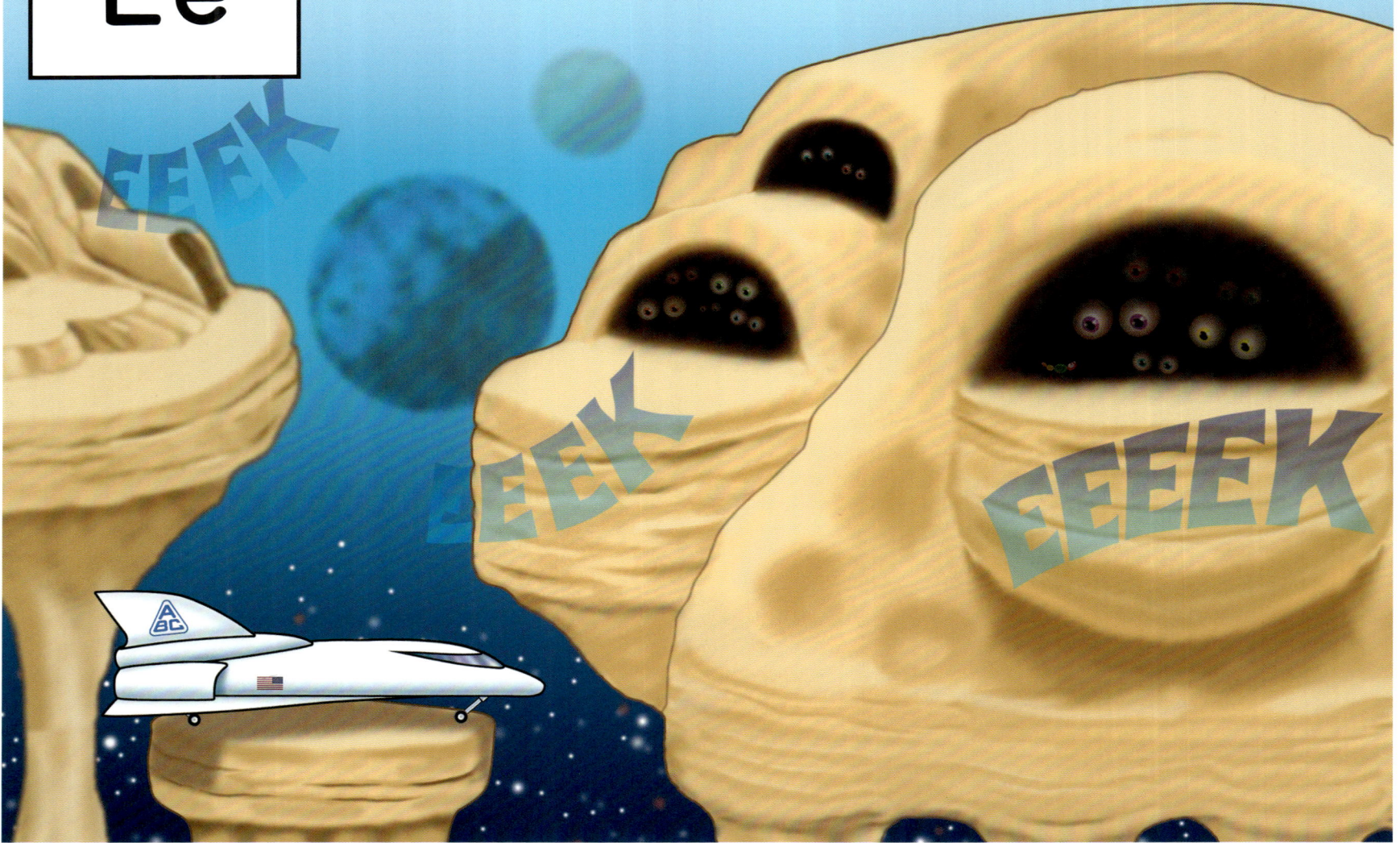

**E e**

Quickly we fly to the land of E,
where the Echoing Eeekers we can hear but not see.

EEEK
EEEK
EEEEK

Aa Bb Cc Dd <u>Ee</u> Ff Gg Hh Ii Jj Kk Ll Mm Nn Oo Pp Qq Rr Ss Tt Uu Vv Ww Xx Yy Zz

# Ff

F is the friendliest place we've been yet.
A Fluffy Furry Flopper would make a fine pet.

Aa Bb Cc Dd Ee <u>Ff</u> Gg Hh Ii Jj Kk Ll Mm Nn Oo Pp Qq Rr Ss Tt Uu Vv Ww Xx Yy Zz

# Gg

On to G is the next place we go,
where the Gargling Gulpers put on quite a show!

Aa Bb Cc Dd Ee Ff G̲g̲ Hh Ii Jj Kk Ll Mm Nn Oo Pp Qq Rr Ss Tt Uu Vv Ww Xx Yy Zz

# Hh

The land of H really gives us the chills,
hearing the wind blow through the high hollow hills.

Aa Bb Cc Dd Ee Ff Gg <u>Hh</u> Ii Jj Kk Ll Mm Nn Oo Pp Qq Rr Ss Tt Uu Vv Ww Xx Yy Zz

# Ii

On the island of I there isn't much space.
The inch-long Iotas are all over the place.

Aa Bb Cc Dd Ee Ff Gg Hh <u>Ii</u> Jj Kk Ll Mm Nn Oo Pp Qq Rr Ss Tt Uu Vv Ww Xx Yy Zz

# Jj

Our journey now takes us to the jungles of J,
where a Jumbo-Jawed Jumper jumps in our way.

Aa Bb Cc Dd Ee Ff Gg Hh Ii <u>Jj</u> Kk Ll Mm Nn Oo Pp Qq Rr Ss Tt Uu Vv Ww Xx Yy Zz

# Kk

K is the place that's kind of kooky.
Even during the day, it's dark and it's spooky.

Aa Bb Cc Dd Ee Ff Gg Hh Ii Jj <u>Kk</u> Ll Mm Nn Oo Pp Qq Rr Ss Tt Uu Vv Ww Xx Yy Zz

# Ll

We have lunch by a lagoon in the land of L.
We see something large swimming, what it is, we can't tell.

Aa Bb Cc Dd Ee Ff Gg Hh Ii Jj Kk <u>Ll</u> Mm Nn Oo Pp Qq Rr Ss Tt Uu Vv Ww Xx Yy Zz

# Mm

The mountains of M are steep and miles high.
When standing on top, we can see the island of I.

Aa Bb Cc Dd Ee Ff Gg Hh Ii Jj Kk Ll <u>Mm</u> Nn Oo Pp Qq Rr Ss Tt Uu Vv Ww Xx Yy Zz

# Nn

The Needle-Nosed Nomads are natives of N.
They wander about, only seen now and then.

Aa Bb Cc Dd Ee Ff Gg Hh Ii Jj Kk Ll Mm <u>Nn</u> Oo Pp Qq Rr Ss Tt Uu Vv Ww Xx Yy Zz

# Oo

The ocean of O is quite a strange zone,
filled with odd creatures of origins unknown.

Aa Bb Cc Dd Ee Ff Gg Hh Ii Jj Kk Ll Mm Nn <u>Oo</u> Pp Qq Rr Ss Tt Uu Vv Ww Xx Yy Zz

# Pp

The prairie of P is real flat and real low.
It's the place where purple pumpkin patches grow.

Aa Bb Cc Dd Ee Ff Gg Hh Ii Jj Kk Ll Mm Nn Oo <u>Pp</u> Qq Rr Ss Tt Uu Vv Ww Xx Yy Zz

# Qq

The land of Q is quite a quagmire.
To continue our quest here, we have no desire.

Aa Bb Cc Dd Ee Ff Gg Hh Ii Jj Kk Ll Mm Nn Oo Pp <u>Qq</u> Rr Ss Tt Uu Vv Ww Xx Yy Zz

# Rr

In remote regions of R there are many rambling rivers, filled with strange creatures that give us the shivers.

Aa Bb Cc Dd Ee Ff Gg Hh Ii Jj Kk Ll Mm Nn Oo Pp Qq <u>Rr</u> Ss Tt Uu Vv Ww Xx Yy Zz

# Ss

The Sea of S is the next stop on our trip,
where a school of Snoopy Snorkelers swim up to our ship.

Aa Bb Cc Dd Ee Ff Gg Hh Ii Jj Kk Ll Mm Nn Oo Pp Qq Rr <u>Ss</u> Tt Uu Vv Ww Xx Yy Zz

# T t

In the land of T we can't even touch down,
for tall tangled trees totally cover the ground.

Aa Bb Cc Dd Ee Ff Gg Hh Ii Jj Kk Ll Mm Nn Oo Pp Qq Rr Ss <u>Tt</u> Uu Vv Ww Xx Yy Zz

# Uu

There are many unanswered questions about the land of U.
Everything lives underground, even the plants too.

Aa Bb Cc Dd Ee Ff Gg Hh Ii Jj Kk Ll Mm Nn Oo Pp Qq Rr Ss Tt <u>Uu</u> Vv Ww Xx Yy Zz

# Vv

Very active volcanoes are easy to see,
as we continue our voyage through the land of V.

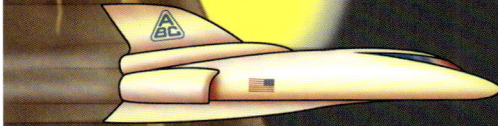

Aa Bb Cc Dd Ee Ff Gg Hh Ii Jj Kk Ll Mm Nn Oo Pp Qq Rr Ss Tt Uu <u>Vv</u> Ww Xx Yy Zz

# Ww

The land of W is where the Whistling Whiffers abide.
We're lucky to see them, because they usually hide.

Aa Bb Cc Dd Ee Ff Gg Hh Ii Jj Kk Ll Mm Nn Oo Pp Qq Rr Ss Tt Uu Vv Ww Xx Yy Zz

# Xx

We try to explore the land of X.
There isn't much here. Let's go on to the next.

Aa Bb Cc Dd Ee Ff Gg Hh Ii Jj Kk Ll Mm Nn Oo Pp Qq Rr Ss Tt Uu Vv Ww <u>Xx</u> Yy Zz

# Yy

The Yacky Yakkers greet us, by calling out "you-who!"
This land of Y is friendly, but awfully noisy too.

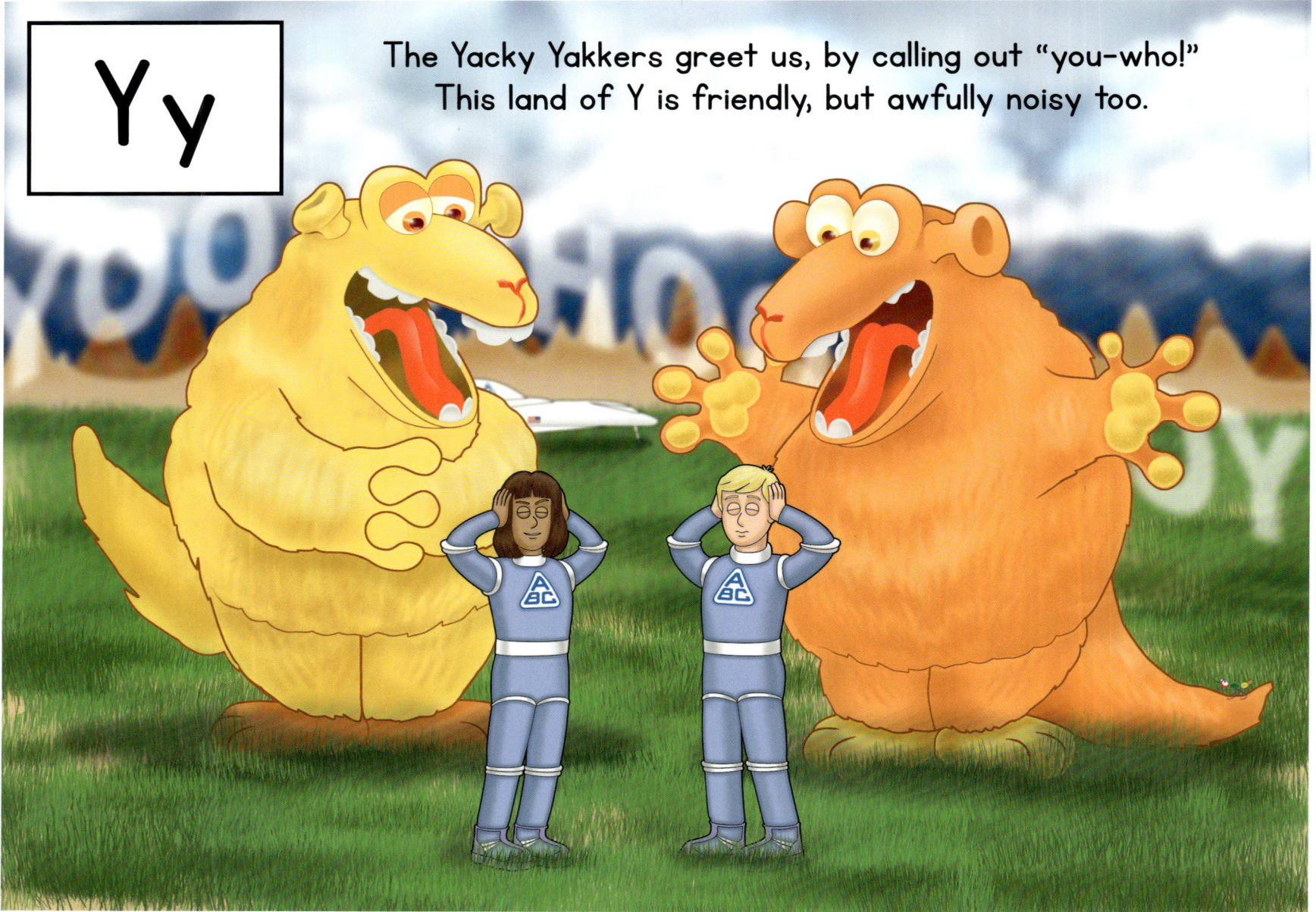

Aa Bb Cc Dd Ee Ff Gg Hh Ii Jj Kk Ll Mm Nn Oo Pp Qq Rr Ss Tt Uu Vv Ww Xx <u>Yy</u> Zz

# Zz

The land of Z is frozen. There's lots of ice and snow.
Our amazing trip is ending, so back to earth we go.

Aa Bb Cc Dd Ee Ff Gg Hh Ii Jj Kk Ll Mm Nn Oo Pp Qq Rr Ss Tt Uu Vv Ww Xx Yy <u>Zz</u>

We're glad that you came with us, and if you'd rather stay,

start the trip all over, by turning back to A!

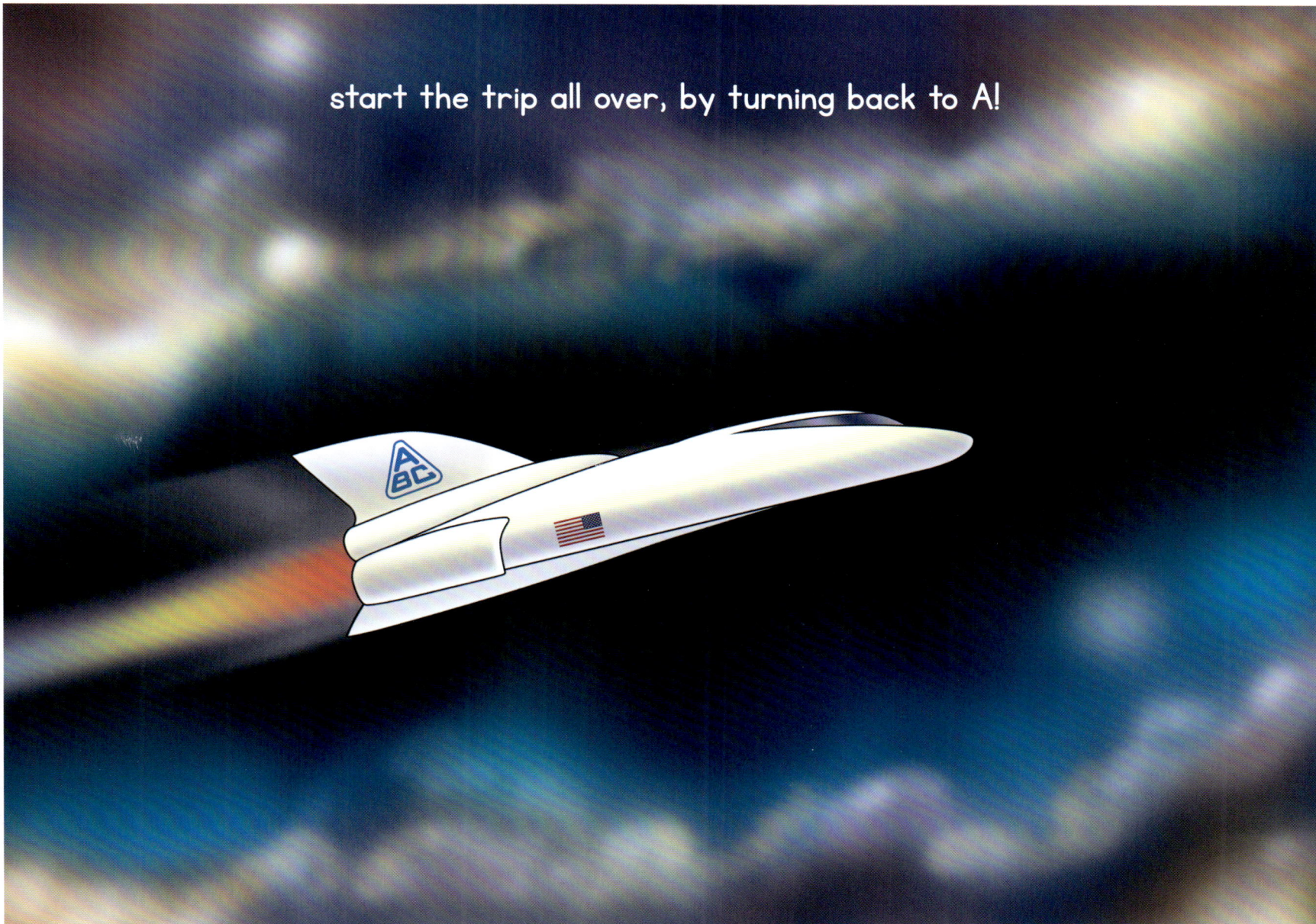

We're going on a journey in our super fast space jet, to a planet made of letters from the alphabet.

It's called the Alphaplanet, and it's quite a sight to see, so if you like adventure, it's the place to be.

**Aa** — First we visit the land of A, where the Awesome Argyles are grazing all day.

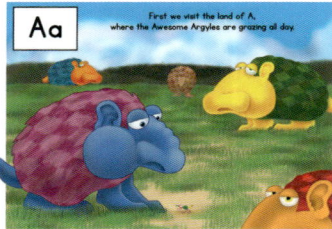

Aa Bb Cc Dd Ee Ff Gg Hh Ii Jj Kk Ll Mm Nn Oo Pp Qq Rr Ss Tt Uu Vv Ww Xx Yy Zz

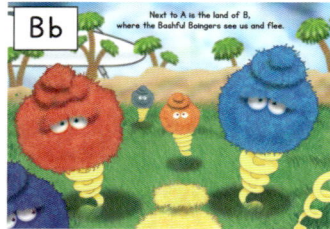

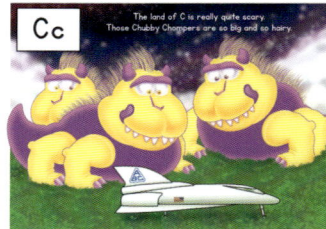

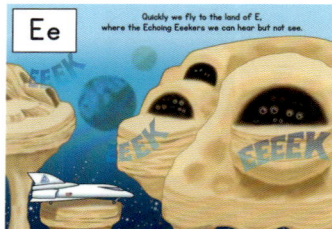

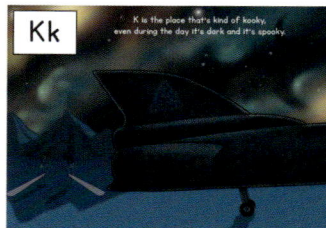

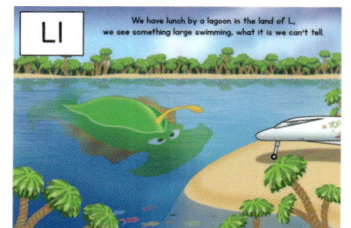

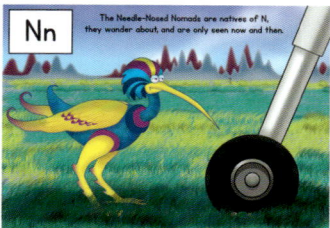

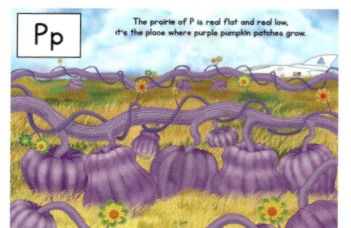

**Bb** — Next to A is the land of B, where the Bashful Boingers see us and flee.

Aa Bb Cc Dd Ee Ff Gg Hh Ii Jj Kk Ll Mm Nn Oo Pp Qq Rr Ss Tt Uu Vv Ww Xx Yy Zz

**Cc** — The land of C is really quite scary. Those Chubby Chompers are so big and so hairy.

Aa Bb Cc Dd Ee Ff Gg Hh Ii Jj Kk Ll Mm Nn Oo Pp Qq Rr Ss Tt Uu Vv Ww Xx Yy Zz

**Dd** — D is the land next time we will skip, those darn Dippy Doodlers are drawing on our ship.

Aa Bb Cc Dd Ee Ff Gg Hh Ii Jj Kk Ll Mm Nn Oo Pp Qq Rr Ss Tt Uu Vv Ww Xx Yy Zz

**Ee** — Quickly we fly to the land of E, where the Echoing Eeekers we can hear but not see.

Aa Bb Cc Dd Ee Ff Gg Hh Ii Jj Kk Ll Mm Nn Oo Pp Qq Rr Ss Tt Uu Vv Ww Xx Yy Zz

**Ff** — F is the friendliest place we've been yet. A Fluffy Furry Flopper would make a fine pet.

Aa Bb Cc Dd Ee Ff Gg Hh Ii Jj Kk Ll Mm Nn Oo Pp Qq Rr Ss Tt Uu Vv Ww Xx Yy Zz

**Gg** — On to G is the next place we go, where the Gargling Gulpers put on quite a show!

Aa Bb Cc Dd Ee Ff Gg Hh Ii Jj Kk Ll Mm Nn Oo Pp Qq Rr Ss Tt Uu Vv Ww Xx Yy Zz

**Hh** — The land of H really gives us the chills, hearing the wind blow through the high hollow hills.

Aa Bb Cc Dd Ee Ff Gg Hh Ii Jj Kk Ll Mm Nn Oo Pp Qq Rr Ss Tt Uu Vv Ww Xx Yy Zz

**Ii** — On the island of I there isn't much space, the inch-long Iotas are all over the place.

Aa Bb Cc Dd Ee Ff Gg Hh Ii Jj Kk Ll Mm Nn Oo Pp Qq Rr Ss Tt Uu Vv Ww Xx Yy Zz

**Jj** — Our journey now takes us to the jungles of J, where a Jumbo-Jawed Jumper jumps in our way.

Aa Bb Cc Dd Ee Ff Gg Hh Ii Jj Kk Ll Mm Nn Oo Pp Qq Rr Ss Tt Uu Vv Ww Xx Yy Zz

**Kk** — K is the place that's kind of kooky, even during the day it's dark and it's spooky.

Aa Bb Cc Dd Ee Ff Gg Hh Ii Jj Kk Ll Mm Nn Oo Pp Qq Rr Ss Tt Uu Vv Ww Xx Yy Zz

**Ll** — We have lunch by a lagoon in the land of L, we see something large swimming, what it is we can't tell.

Aa Bb Cc Dd Ee Ff Gg Hh Ii Jj Kk Ll Mm Nn Oo Pp Qq Rr Ss Tt Uu Vv Ww Xx Yy Zz

**Mm** — The mountains of M are steep and miles high, when standing on top we can see the island of I.

Aa Bb Cc Dd Ee Ff Gg Hh Ii Jj Kk Ll Mm Nn Oo Pp Qq Rr Ss Tt Uu Vv Ww Xx Yy Zz

**Nn** — The Needle-Nosed Nomads are natives to N, they wander about, and are only seen now and then.

Aa Bb Cc Dd Ee Ff Gg Hh Ii Jj Kk Ll Mm Nn Oo Pp Qq Rr Ss Tt Uu Vv Ww Xx Yy Zz

**Oo** — The ocean of O is quite a strange zone, filled with odd creatures of origins unknown.

Aa Bb Cc Dd Ee Ff Gg Hh Ii Jj Kk Ll Mm Nn Oo Pp Qq Rr Ss Tt Uu Vv Ww Xx Yy Zz

**Pp** — The prairie of P is real flat and real low, it's the place where purple pumpkin patches grow.

Aa Bb Cc Dd Ee Ff Gg Hh Ii Jj Kk Ll Mm Nn Oo Pp Qq Rr Ss Tt Uu Vv Ww Xx Yy Zz

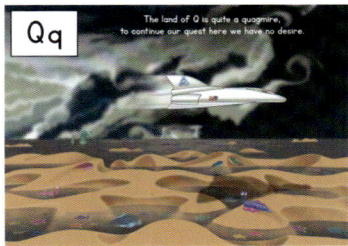

**Qq** The land of Q is quite a quagmire, to continue our quest here we have no desire.

Aa Bb Cc Dd Ee Ff Gg Hh Ii Jj Kk Ll Mm Nn Oo Pp Qq Rr Ss Tt Uu Vv Ww Xx Yy Zz
22

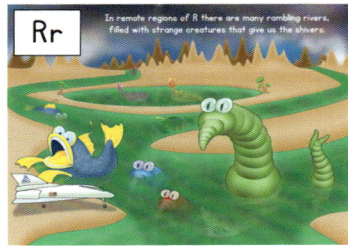

**Rr** In remote regions of R there are many rambling rivers, filled with strange creatures that give us the shivers.

Aa Bb Cc Dd Ee Ff Gg Hh Ii Jj Kk Ll Mm Nn Oo Pp Qq Rr Ss Tt Uu Vv Ww Xx Yy Zz
23

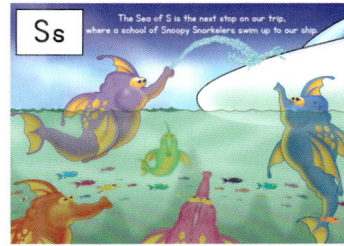

**Ss** The Sea of S is the next stop on our trip, where a school of Snoopy Snorkelers swim up to our ship.

Aa Bb Cc Dd Ee Ff Gg Hh Ii Jj Kk Ll Mm Nn Oo Pp Qq Rr Ss Tt Uu Vv Ww Xx Yy Zz
24

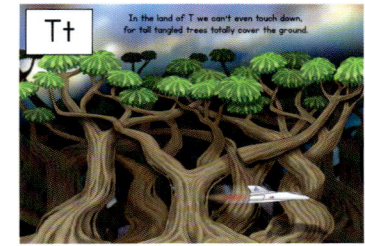

**Tt** In the land of T we can't even touch down, for tall tangled trees totally cover the ground.

Aa Bb Cc Dd Ee Ff Gg Hh Ii Jj Kk Ll Mm Nn Oo Pp Qq Rr Ss Tt Uu Vv Ww Xx Yy Zz
25

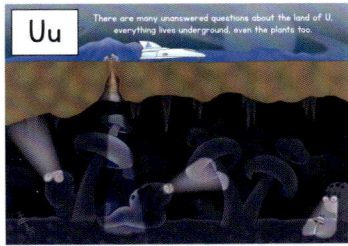

**Uu** There are many unanswered questions about the land of U, everything lives underground, even the plants too.

Aa Bb Cc Dd Ee Ff Gg Hh Ii Jj Kk Ll Mm Nn Oo Pp Qq Rr Ss Tt Uu Vv Ww Xx Yy Zz
26

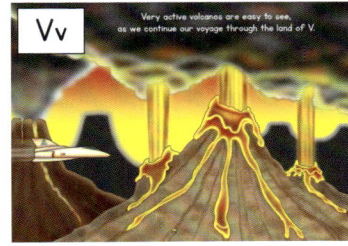

**Vv** Very active volcanos are easy to see, as we continue our voyage through the land of V.

Aa Bb Cc Dd Ee Ff Gg Hh Ii Jj Kk Ll Mm Nn Oo Pp Qq Rr Ss Tt Uu Vv Ww Xx Yy Zz
27

**Ww** The land of W is where the Whistling Whiffers abide, we're lucky to see them, because they usually hide.

Aa Bb Cc Dd Ee Ff Gg Hh Ii Jj Kk Ll Mm Nn Oo Pp Qq Rr Ss Tt Uu Vv Ww Xx Yy Zz
28

**Xx** We try to explore the land of X. There isn't much here. Let's go on to the next.

Aa Bb Cc Dd Ee Ff Gg Hh Ii Jj Kk Ll Mm Nn Oo Pp Qq Rr Ss Tt Uu Vv Ww Xx Yy Zz
29

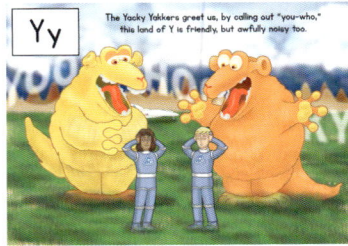

**Yy** The Yacky Yakkers greet us, by calling out "you-who," this land of Y is friendly, but awfully noisy too.

Aa Bb Cc Dd Ee Ff Gg Hh Ii Jj Kk Ll Mm Nn Oo Pp Qq Rr Ss Tt Uu Vv Ww Xx Yy Zz
30

**Zz** The land of Z is frozen. There's lots of ice and snow. Our amazing trip is ending, so back to earth we go.

Aa Bb Cc Dd Ee Ff Gg Hh Ii Jj Kk Ll Mm Nn Oo Pp Qq Rr Ss Tt Uu Vv Ww Xx Yy Zz
31

We're glad that you came with us, and if you'd rather stay,

32

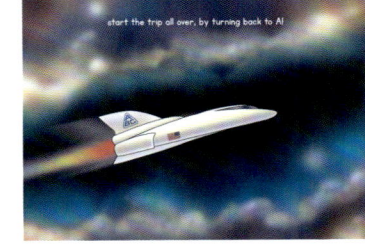

start the trip all over, by turning back to A!

33

A coloring book version of the Alphaplanet is also available
Contact us at
www.thealphaplanet.com
This book was produced and printed in the USA

**Ss**

Aa Bb Cc Dd Ee Ff Gg Hh Ii Jj Kk Ll Mm Nn Oo Pp Qq Rr **Ss** Tt Uu Vv Ww Xx Yy Zz
22

## About the Authors and Illustrator

Hello, I'm Kevin McLaughlin. I'm the writer and illustrator of the Alphaplanet. I've worked as a graphic designer and illustrator for almost 40 years, and have taught Graphic Communications for over 27 years.

As a baby boomer, I grew up watching many "cheesy" sci-fi B-movies. From the time I was a young boy, I've always loved monsters, ghosts and alien creatures! You'll see that influence in my illustrations.

I'm Vicky McLaughlin, and helped with the writing and editing of our book. I have worked as a Special Ed. para-educator for 28 years with preschool and elementary age students.

As Kevin's wife, and mother of our three grown children, little notes of paper with random sayings and sketches of odd looking creatures have always "decorated" our home, as new ideas and inspirations came to Kevin for this book! It certainly has been a labor of love!

Thank you for joining us on our adventure to the Alphaplanet!

Sincerely,

Kevin and Vicky

**We are grateful to the following people who helped us bring our book to life.**

Kathy Abbott

Margaret Beaty

Becky Fjelland Brooks

Jerry Groebner

Randy Kroenke

Lisa Kinowski

Paula Moerer

Steve Pottenger

Mary Potz

Scott Rahe

Anne, Carrie, Isaac and Jim Schill

Amanda Stenzel

Jenna Vagle

Corporate Graphics

Jefferson Elementary Students

Kickstarter Backers

Lime Valley Advertising